AF196033

Gerhard Sauer

Geboren 1957 in Altenhundem im Sauerland/NRW, lebt in Berlin und in der Uckermark und schreibt seit vielen Jahren. Die „Unterwegsbetrachtungen „Strauße, wilde Würste und ein Dom" sind die mittlerweile vierte Buchveröffentlichung.

Wenn man eine Reise tut,
dann kann man viel erzählen.

Gerhard Sauer

Strauße, wilde Würste und ein Dom

Unterwegsbetrachtungen

© 2022 Gerhard Sauer

Druck und Distribution im Auftrag des Autors:
tredition GmbH, Halenreie 40-44, 22359 Hamburg,
Deutschland

ISBN
Paperback   978-3-347-78721-6
Hardcover   978-3-347-78723-0
e-Book   978-3-347-78724-7

Inhaltsverzeichnis

Vor und hinter Minden............................7

Köln – ein eigenes Universum..............12

Unterwegs zwischen Feldern, Grachten und Fietsen..17

Eine andere Hauptstadt.......................22

Wilde Wurst..26

Genuss, Geschichte und Wiener Schmäh 31

Semana Santa......................................36

...und immer wieder mal: Venedig!.......41

Von steilen Felsen, grünen Bananen und furchtlosen Fahrern.............................46

Cuculus und Ciconia – zwei selten gewordene Wegbegleiter......................50

Radeln und relaxen. Trampeln und genießen. 64

2200 Kilometer, ein Auto, zwei Leute, ein Flug und unzählige Erlebnisse............79

Vor und hinter Minden

Bin ich eigentlich jemals in Minden gewesen? Diese Frage ging mir neulich durch den Kopf, als ich mal wieder mit dem ICE der Deutschen Bahn vom Rheinland ins mittlerweile heimatliche Berlin unterwegs war. Minden. Der Teutoburger Wald, die Porta Westfalica liegen dann schon hinter uns, aber immer noch ist hier Westfalen, auch Nordrhein-Westfalen. Der Hermann, eigentlich Cherusker, aber heute Symbol für westfälische Stur- und Pfiffigkeit, steht nicht weit entfernt mit Schwert und Helm auf seinem Sockel.

Minden. Schon früh tauchte das Wort auf, der Ortsname, stand er doch auf übergroßen Meilensteinen an der Bundesstraße 55, die an den Orten meine Kinder- und Jugendzeit vorbeiführte. Zwar führte ebenfalls die Bundesstraße 236 durch unseren Sprengel, aber die ging nach Dortmund, das wusste man einfach und dort war man auch schon früh gewesen. In der schwarz-gelben Metropole, dem Herz, nicht der Hauptstadt Westfalens. Hauptstadt ist Münster. Weiß man doch.

Aber Minden? Wo sollte das sein? Der Ort war immer irgendwie außerhalb unseres Vorstellungsraumes. Heimatkundeunterricht und spätere eigene Recherchen hellten dann allerdings das Geheimnis etwas auf.

Die Streckenführung der heutigen B 55, die von Jülich nur noch bis Rheda-Wiedenbrück führt, deckt sich zwischen Warstein und Lennestadt-Grevenbrück weitgehend mit dem mittelalterlichen Heerweg, der zugleich auch ein Pilgerpfad der Jakobus-Pilger von Paderborn nach Köln war, und deckt sich bis Olpe auch gleichzeitig mit der Streckenführung der alten

Koblenz-Mindener Landstraße. Zwischen 1816 und 1828 gebaut, sollte diese Landstraße die beiden Preußischen Garnisonsstädte auf kürzestem Weg miteinander verbinden. Daher, so ging mir später auf, waren die Entfernungsanzeigen auf den fast vier Meter hohen Obelisken auch in Meilen angegeben.

Minden also. Ehemals Garnisonsstadt. Verhinderter Sitz der Bezirksregierung für Ostwestfalen nach der Gründung des Landes Nordrhein-Westfalen 1947. Heute noch Kreisstadt des Kreises Minden-Lübbecke, des Mühlenkreises. Partnerkreis des Landkreises Uckermark in Brandenburg.

Hier ist also noch Westfalen, aus rheinischer Sicht das Ende NRWs - kurz vor Berlin oder kurz vor Warschau. Und irgendwie kann man sich, wenn man die vorbeifliegende Landschaft aus dem Zug beobachtet, des Gefühls schlecht erwehren, irgendwie ist hier hinter dem Wiehengebirge schon eher Niedersachsen.

Minden. Welche Bilder sind da im Kopf? Vielleicht sollte ich mal aussteigen. Also vor Minden, in Bielefeld, den Regio Richtung Hannover nehmen, und mir das Städtchen anschauen. Mal schauen, was sich hinter dem Ende einer preußischen Landstraße so verbirgt. Aussteigen und nachschauen, ungefähr auf der Hälfte der wöchentlichen Strecke zwischen dem Rheinland und der Hauptstadt des alten Preußen, die auch die heutige Hauptstadt ist. Wie man überhaupt vielleicht mehr aussteigen sollte auf den wöchentlichen 1000 Kilometern Bahnfahrt.

In Rheda-Wiedenbrück, zum Beispiel, mit Schloss Rheda, oder in Hamm, mit dem größten und dazu noch gläsernen Elefanten mit dem Palmengarten im Kopf. Bückeburg rauscht immer vorbei, Bad Oeynhausen auch. Hameln liest man auf den vorbei huschenden

Straßenhinweisschildern. Auch Lemgo, Detmold, Lippstadt, später Springe, Hildesheim, Celle.

Kurz vor Minden überquerten wir die Weser, nach Rhein und Ruhr einer der bekanntesten Flüsse des Landes - nicht nur wegen des Weserberglandes, früher hieß auch eine WDR-Abendsendung „Zwischen Rhein und Weser". Aber das nur am Rande.

Irgendwann wird im Laufe der Fahrt auch noch die Elbe überquert. Die Sonne scheint von links, also Westen, am Abend schräg herein und unterwegs wird alles aufgeboten, was heimatkundlich Rang und Namen hat. Traumhaft. Das wäre doch auch mal eine Geschichte wert. Beizeiten, ja ja. Alsbald aber mal: Minden.

Köln – ein eigenes Universum

Quälend langsam schleicht der Zug über die immer noch nach der Familie des letzten deutschen Kaisers benannte Brücke. Vor über hundert Jahren während dessen Regentschaft erbaut, führt sie heute ins Zentrum der einzigen Millionenstadt am Rhein. Gebogene Stahlträger scheinen stabil und unverwüstlich, zeugen sie doch auch gleichzeitig von Ingenieurskunst und Zukunftsideen.

Die Stadt selbst wähnt sich auch einerseits mit noch weiter zurückreichenden Wurzeln im Römerreich, und gleichzeitig moderne Metropole mit Zukunft zu sein. Warum jedoch immer noch an alten Bezeichnungen dubioser

Herrscherfamilien festgehalten wird, mag sich nicht allen Betrachtern und Betrachterinnen erschließen. Modernität könnte hier schon dem auswärtigen Gast beim Hineingleiten in die Stadt demonstriert werden - demokratische Heroen gab es zu allen Zeiten auch im Rheinland.

Quietschend schieb sich der 200 Meter lange Koloss im Schritttempo weiter. Fahrgäste wähnen sich bald am Ziel, packen Taschen und Koffer, rempeln sich gegenseitig im Gang und stehen erwartungsvoll vor den Türen. Es wird noch dauern, so viel weiß der erfahrene Mitfahrer.

Lastkähne, Tankschiffe, Flusskreuzfahrtschiffe und Ausflugsboote ziehen ihre Bahn auf dem Wasser unterhalb der Brücke, die Stahlträger erlauben nur einen kleinen schmalen Blick. Ein reges Gewimmel auf den Fußgängerwegen am äußeren Rand weist auf den nahen Abend hin. Feierabendwütige, nach

Hause strebende, den Abend genießende Junge und Alte eilen von der Altstadt auf die Schälsick und umgekehrt. Dort wo ein freier Blick möglich wäre, sind hunderte, ja tausende Vorhangschlösser an den Gittergeländern befestigt. Wer auch immer diesen Unsinn begonnen hat und wer auch immer diesen Unsinn weiter betreibt - dies scheint eine unerklärliche Verhaltensweise bestimmter Menschengruppen zu sein, die bisher noch viel zu wenig von der forensischen Psychiatrie, Verhaltensforschern oder Anthropologen erforscht wurde.

Langsam, aber unaufhaltsam schiebt sich dann endlich das bekannteste Bauwerk der Stadt ins Sichtwelt. Rot glänzend von der untergehenden Sonne angestrahlt. D'r Dom. Heimstatt des dicken Pitter und so unrühmlicher Figuren wie den Kardinälen Meisner oder Woelki. Seit 1248 im Bau, angeblich 1880 vollendet - aber immer noch Dauerbaustelle. Alles, aber auch alles bezieht sich in dieser Stadt auf dieses sakrale Monument - das Bier (es gibt eine eigene Biermarke mit der Bezeichnung), das Heimweh, die Güte der Wohnung („von meinem Balkon kann man die Domspitzen sehen"), Lieder der ortsansässigen Musikgruppen mit Texten im Eingeborenen-Slang - vor allem aber der Tourismus. Ohne diese gewaltige Kirche, den ausgestellten Knochenstückchen und der erfundenen Geschichte von 11.000 Jungfrauen wäre hier wahrscheinlich nicht viel los zwischen Bonn und Leverkusen. Touris kommen natürlich vor allem um die 157 Meter hohen Türme zu sehen und zu besteigen.

Dem Selbstbewusstsein der Einheimischen, die ihre für fremde Ohren meist unverständliche Mundart pflegen, tut dies jedoch keinen Abbruch. Im Bewusstsein, dass d'r Dom für viele Experten das perfekte Gotteshaus darstellt und für viele Pilger den Mittelpunkt der Welt bedeutet, ist die Stadt sich selbst genug, ein eigenes Universum. Abgekapselt um sich selbst kreisend, mit Karneval und Ziegen-Fußballverein, mit Blutwurst und als „halben

Hahn" bezeichneten Käse, mit BAP und Brings und Poldi. Mehr braucht's nicht für echte Kölsche. Skurril, das sind sie schon - aber auch liebenswert.

Unterwegs zwischen Feldern, Grachten und Fietsen

Kevelaer? Klar, Kevelaer. Wer hat noch nicht davon gehört? Wer war noch nicht da?? Wallfahrtsort am Niederrhein. Kaum größer als ein Berliner Kiez, aber ein Selbstbewusstsein, dass das Kopfsteinpflaster sich geschlagen gibt und flach, wie Holland wird.

Nun gut, ein Städtchen mit Flair, schönen Geschäften und einer Konditorei im Schatten der Marienbasilika mit Kännchen draußen und Zitronenröllchen. Zum Niederknien am Niederrhein. Und die Fähnchen hängen in Gelb und Weiß über der Einkaufsstraße, als ob sie von unserer Ankunft gewusst hätten und uns begrüßen wollten. Große Freude also, absteigen vom Rad, schlendern, schauen, Kleinigkeiten kaufen, den Nieselregen verfluchen und Kaffee ordern.

Tag zwei unterwegs von Düsseldorf nach Apeldoorn, um mal bei den Holländern reinzugucken, mal schauen was die alten Tulpenknicker mal wieder so anstellen. Der Weg schlängelt sich durch Heerdt, Niederdonk und Büderich, Osterath und Fischeln nach Krefeld. Auf den ersten Kilometern noch regelmäßig begleitet durch das Dröhnen der Flugzeuge im Anflug auf den Airport Düsseldorf über uns, beruhigt sich der Verkehr zu Land und Luft. Die Weite weitet sich vor uns, der Niederrhein, unbekanntes Terrain, obwohl von Hans-Dieter Hüsch so oft beschrieben und besungen.

Überraschungen: braune und weiße Kuschel-Lamas mit großen Augen und überhaupt nicht spuckend; ausgeschilderte Radwege; eine Straßenbahn aus dem letzten

Jahrhundert zwischen zwei Städten rumpelnd; ein „Haus Meer" ohne Meer; ein Boot mit Bug und ohne Heck. Dann: Krefeld, eine Stadt mit Vergangenheit als „Seidenstadt", aber ohne nennenswerte Gegenwart, eher schaurig, nur zum Weiterfahren animierend.

Ein paar Kilometer weiter ein entzückender alter Marktplatz, intakte kleine Straßen, lebendiges Miteinander. Hüls ist auch Teil dieser vorhin durchfahrenen Stadt, aber Lichtjahre entfernt. Sogar die Sonne lässt sich jetzt blicken. Doch unser Tagespensum bleibt: 50 Kilometer. Ziel: Geldern. Vorbei am kleinen Ort Siebenhäuser - Kühe rechts, Kühe links, Maisfelder voraus; über Aldekerk, Nieukerk und Kerken - Wiese rechts, Schafe, Wiese links, Kühe, Wiese voraus. Und fast an jeder Straßenecke eine Gärtnerei oder eine Baumschule. Windräder in der Ferne, Autobahnen kreuzen hin und wieder, stören aber nicht.

Kühe muhen, Schafe blöken, der Wind bläst, der Regen nieselt, Geldern steigt aus der Ebene empor. Eine kleine beschauliche Innenstadt und eine Überraschung in Gestalt des Ratskellers. Freundliche kompetente Leute, hervorragendes Essen, gute Weine, das Dessert ein Traum. Großer Pluspunkt.

Weiter nach Kevelaer, Goch, Kilometer um Kilometer, nur mal anhalten für nen Kaffee. Dann Kleve, Heimat von Joseph Beuys, und es ist, als hätte sich der alte Hasenhüter mit dieser seiner Heimatstadt einen seiner Scherze erlaubt und einen Berg hierhin geklatscht. Hinauf strampeln, hinunter verworrene Radwege, unentspannte Autofahrer - was soll so ein Berg hier am Niederrhein?

Weiter Richtung Rhein. Den Deich in Sicht meint man, das Wasser riechen und Schiffe tuckern hören zu können, obwohl das Blödsinn ist. Zu weit entfernt. Erst direkt an der Grenze, gelbes Schild mit rotem Balken und direkt dahinter blauweißes Ortseingangsschild und Grenzübertritt in die Niederlande nach Millingen an de Rhijn: der Strom. Grau. Träge dahinfließend. Nix golden und Wein und so. Schade. Muss er irgendwo unterwegs verloren haben. Wahrscheinlich bei Bayer Leverkusen.

Weiter: hinüber über „Old River Rhein" und eintauchen in die grünen niederländischen Niederungen zwischen Rheinarmen, Kanälen, Grachten, Radwegen, Kühen und, oh Überraschung: Zebras im Stall.

Doernburg, Hooge Veluwe mit der Kröller-Müller-Sammlung, und unterwegs immer wieder, auch überraschend und auffällig - die niederländische Architektur. Die Häuser sind, ob jung, ob alt, oft individuell, fast individualistisch. Sehr schön.

Nun, nur ein Katzensprung ist es zum Niederrhein und in die Niederlande - liegt direkt um die Ecke. Nix wie hin, es gibt viel zu entdecken. Nicht nur „Oude Genever".

Eine andere Hauptstadt

Was macht man nicht alles mit einem verbilligten Bahn-Ticket? Na gut, nach Rom, London, Paris oder Wien fahren, das haut nicht hin. Aber ein paar Tage Münster besuchen, das geht. Also auf nach Münster, der westfälischen Perle.

Kaum ist der Reisende aus dem Zug gestiegen, macht das Städtchen seinem Ruf auch schon alle Ehre - Radfahrer von links, Radlerin von rechts, von hinten und quer, ratter ratter, klingel klingel.

Natürlich schaut der interessierte Besucher (und auch die ...in) mehr als einmal am Principalmarkt vorbei, wirft mehrere Blicke ins historische Rathaus (Westfälischer Frieden von

1648), schaut sich die Lamberti-Kirche mit ihren Wiedertäufer-Käfigen am Kirchturm außen von allen Seiten und natürlich auch von innen an, umkreist den Dom und die Uni und schlendert über Wochenmarkt, wandert rund um das Zentrum der Stadt über die geliebte Promenade. Und wer Glück hat, kann im Botanischen Garten in der Sonne sitzen und die Ruhe genießen.

Auch Anette, die bekannteste westfälische Dichterin, freut sich posthum auf einen Besuch. Die Burg derer von Droste-Hülshoff ist wirklich sehenswert, das kleine Museum lohnt sich anzuschauen und der Kuchen in der hauseigenen Gastronomie ist ebenfalls eine Wucht.

Am besten nimmt die freundliche Besucherin mit ihrem Begleiter selbstverständlich für den Ausflug das Rad, auch wenn die Beschilderung manchmal etwas konfus wirkt und der Wind, wie immer, von vorn kommt. Unterwegs genießt sie eine Zeitlang die Ruhe und grüne Wiesen, Felder und kleine Wälder, bevor sie sich wieder in die Stadt begibt. Die ist zwar nicht groß - doch außerordentlich quirlig. Dort wimmelt es dann wieder vor Fahrrädern und Fahrräderinnen, Studenten, Beamten, Nonnen, Geschäftsleuten, Touristen. Hier sind offensichtlich immer alle auf zwei Rädern unterwegs. Nicht umsonst wird die Stadt als Fahrradhauptstadt gerühmt. Zu Hunderten, ja tausenden stehen die Vehikel in allen Formen, Farben und Ausführungen herum - und natürlich parken auch sie überall alles zu - doch im Gegensatz zu den stinkenden Blechkarossen beanspruchen die einzelnen Geräte so gut wie keinen Platz, sind abgasfrei, leise und halten fit.

Wahrscheinlich regt so viel Radfahren auch den Appetit an, so dass es sich der gemeine Westfale und seine Westfälin bei ortsüblichen deftigen Gerichten wie Biersuppe, Töttchen oder Pfefferpotthast samt Pilsken zum Beispiel im „Kiepenkerl" oder bei der Brauerei „Pinkus" (das einzige Altbier Westfalens) gut gehen lassen kann. Wer mal einige Tage gemächlich ohne Hektik verbringen will, ist hier in der westfälischen Hauptstadt auf jeden Fall gut aufgehoben, nech!

Wilde Wurst

Du siehst die Weite der Landschaft, die kleinen und zwischen Wäldern versteckten Seen, du hörst die Schreie der Kraniche und das Klappern der Störche, du riechst die Wiesen im Frühling und die Stoppelfelder im Sommer, du fühlst den Nebel im Herbst und die kalten Winde im Winter.

Du siehst leichte Rauchschwaden gen Himmel schweben, und auch wenn Du die Verursacher noch nicht sehen oder riechen kannst, stellen Deine Synapsen eine Verbindung her und Deine Speicheldrüsen beginnen zu zucken. Verlangen stellt sich ein, ein Genussverlangen. Und dann hast Du eine erste Ahnung, denn dann, ja dann musst Du wo sein?

Vorher jedoch steht andere eine Frage im Raum, die zu beantworten wäre: Was bleibt erinnerlich? An was erinnern wir uns? Tja, die Frage kann man sich oft stellen. Was bleibt hängen, im Gedächtnis? Was bleibt von einem Gespräch, von einem Erlebnis, einer Unterrichtsstunde, einem Nachmittag am See, einem Urlaubstag. Wie bleibt uns zum Beispiel eine Landschaft im Gedächtnis?

Vielleicht nähert man sich so einer Feststellung: war die Situation angenehm oder unangenehm, sympathisch oder unsympathisch? Das ist schon mal ganz gut und ein erster Schritt zur Einordnung.

Doch ein solcher Eindruck setzt sich oft aus vielen, nur schlecht beeinflussbaren Aspekten zusammen: das Wetter ist zu warm, zu kalt, zu feucht, zu trocken; andere Menschen nerven, der Fußballverein hat verloren, der Wein war zu warm. You name it.

Sind es also Stimmungen und Situationen, die uns im Gedächtnis bleiben, ob sympathisch oder unsympathisch? Oder Bilder von Gebäuden oder Plätzen, von Menschen oder Landschaften? Oder ist es vielleicht etwas ganz Anderes? Gibt es stärkere Eindrücke als etwa gesehene oder gehörte Impressionen? Empfindungen, die mit Leben und leben lassen zu tun haben?

Noch ne Frage: Was verbinden Sie mit ihrem letzten Urlaub in Kroatien? Die Qualität der Parkplätze - oder vielleicht doch die Erinnerung an den leckeren Wein, an den zarten Spieß vom Grill?

Was blieb von der Reise durch Italien? Na gut, die beeindruckenden Museen und die geschichtlichen Zeugnisse auf Schritt und Tritt, aber letztendlich vielleicht doch eher: der fruchtige Lugana, die köstlichen mellanzane al forno, das gelato al limon - oder?

Was war noch mal mit Espana? Eben, die Tapas, paella und der kalte Rotwein.

Und wie erinnern wir Griechenland? Kokkorezi, Tzaziki und warmer Ouzo.

Na also. Liebe geht doch durch den Magen und über die Zunge!!

Wenden wir uns wieder der Eingangssituation zu: Die Rauchschwaden werden nun dichter, der Geruch intensiver. Im Hintergrund scheint das Firmament zu glühen - der Sonnenuntergang über der weiten Ebene lässt den Himmel mal wieder in scheinbar unerschöpflichen Rot-Tönen erscheinen, angereichert mit weißen Nuancen, mit gelb und blau. Staunend und ehrfürchtig stehen und sitzen kleine und große Menschen auf ihren Decken und auf Bänken.

Und dann siehst Du sie, die wilde Wurst. Nicht klein, nicht groß ist sie, eher normal, etwa 15 cm lang, leicht gekrümmt, außen kräftig braun gegrillt, saftig im Inneren. Du greifst, du beißt, du schmeckst.

Du siehst die wilde Wurst auf dem Grill, du siehst die Weite, du riechst das Wasser und die Stoppelfelder, du siehst den Sonnenuntergang. Dann weißt Du.

Du musst in der Uckermark sein.

Genuss, Geschichte und Wiener Schmäh

Rot und gelb leuchtet das Weinlaub in der herbstlichen Mittagssonne. Reben und Bäume sind noch reichlich voller Laub, ein farbenprächtiges Bild bietet sich dem geneigten Besucher.

Eine knappe halbe Stunde dauert' s mit der Straßenbahn aus der Innenstadt bis zur Endhaltestelle Grinzing, dort hat man die bewaldeten Hügel des Wienerwaldes in Sichtweite, Weinreben links, Weinreben rechts, eine Idylle - doch auf den schmalen Wanderwegen ist es so voll, wie manchmal Samstagmittags auf der Hohe Straße in Köln.

Kurz geschmunzelt, nein, so schlimm ist es nun wirklich doch nicht. Die Wiener, und ihre zahlreichen Gäste aus aller Welt, drängt es an solchen Tagen raus aus der Stadt. Die Sonne wärmt jetzt gegen Mittag, auch wenn im Schatten die mittlerweile kühlen Temperaturen des Novembers herzlich grüßen. Es ist schon eine Augenweide, hier am Hang des Nußbergs zu stehen und den Blick über die Hügel und Weinreben hinunter ins Tal, über die Stadt Wien, das Donautal und fast bis in die Slowakei schweifen zu lassen.

Nicht nur hier draußen beim mittäglichen Wein in einem Heurigen, auch Buschenschank genannt, erschließt sich schnell, warum die Stadt als eine der lebenswertesten Städte gilt. Das Leben hier scheint ruhiger, gemächlicher, genussvoller zu sein als zum Beispiel in der deutschen Hauptstadt. Kinderspiel. Wo sonst lässt es sich ausgesprochen entspannt einen Vormittag verleben, als bei Zeitung und Einspänner in einem Wiener Caféhaus; hohe

Räume, Stuck und Gemälde an den Wänden, viel Holz, viele Spiegel, kleine Séparées. Dazu herzlich umsorgt von Kellnern mit ihrem unnachahmlichen Wiener Schmäh.

„Für den gnädigen Herrn noch eine Melange? Und für die gnädige Frau Professorin, darf's noch etwas sein? Ein Ei im Glas? Oder ein Glas Sekt zum perlenden Einstieg in den Sonntag?"

Man blickt sich um und entdeckt auf einem Absatz das Bild von Ernst Happel, einem berühmten Fußballtrainer, der hier viele Jahre lang quasi sein zweites Wohnzimmer hatte und mit Freunden Karten spielte. Sowieso Geschichte, überall Geschichte. Altes Kaiserreich, verewigt in Geschichten und Büchern und Bildern und Filmen, vor allem aber auch sichtbar anhand der Gebäude. Viele aus der (vorletzten) Jahrhundertwende, Gründerzeit, eben auch wenig im zweiten Weltkrieg zerstört. Immerhin ein Witz der Geschichte, dass der bekannteste Deutsche dann doch geborener Österreicher war. Das haben sie uns Piefkes bis heute nicht verziehen - oder?

Nun denn, „watt fott es, es fott" (rheinische Wahrheit) - und die Gegenwart in der Alpenrepublik mag zwar durch bizarre politische Korruptionsskandale geprägt sein, dem Lebensgefühl und dem Genuss von Gössner und Ottakringer Bier in einem Schanigarten, von Blauzweigelt, Grünem Veltliner oder einem Wiener Schnitt in einem Beisl, von Wiener Schnitzeln, Gulasch oder Kaiserschmarrn in einem der zahlreichen wirklich guten Restaurants, von Sachertorte im Caféhaus, oder einer Käsekrainer an einem der zahlreichen Würstelstände tut dies keinen Abbruch. Sprachlich kann man sich gut verständigen, auch wenn der Dialekt manchmal schwer gängig erscheint und in manchen Stadtbezirken deutlich wird, dass der Balkan verdammt nah ist. Was man durchaus auch im Straßenverkehr merken kann. Und wenn man zwischen all den Genüssen noch Zeit findet, dann laden Theater, Klein-kunstbühnen oder das Museumsquartier herzlich ein, auch den Kulturgenuss nicht zu kurz kommen zu lassen. Doch dazu beim nächsten Mal mehr.

Semana Santa

Dumpf hallen Schritte durch die engen, dunklen Gassen. Kerzen flackern in kleinen Windlichtern. Anwohnerinnen haben sie eiligst links und rechts auf den schmalen Gehwegen platziert. Das Licht wirkt gespenstisch. Stühle werden neben die Türe gestellt, Alte und offensichtlich Kranke nehmen darauf Platz. Fenster und Türen geben den Blick ins Innere der spärlich erleuchteten Häuser frei - auf kleine und große, karg geschmückte Altäre. Murmelnd nähert sich eine Menschenmenge. Ein Kreuz wird vorangetragen, ein Banner ebenfalls, links und rechts schwenken junge Männer Weihrauchfässchen. Der Priester stoppt, die Gläubigen ebenfalls, ein Gebet wird gesprochen, die Menschen hinter den Fenstern und Gardinen, die Gläubigen in der Prozession bekreuzigen sich. Der Zug setzt sich wieder in Bewegung. Bald wird er die Kirche San Ferrol erreicht haben.

Es ist Semana Santa, die Karwoche, die in den katholischen Gegenden Spaniens als eines der Höhepunkte des Kirchenjahres begangen wird. Die Prozession wiederholt sich Abend für Abend bis zum Osterfest. Wir sind in Llubi, einem typischen Dorf im Inneren Mallorcas und lassen uns einfangen vom Inselleben abseits des Trubels, der Massen und der Hektik. Mauer an Mauer mit den Nachbarhäusern empfängt des gemietete Ferienhaus mit einer grandiosen Wohnhalle, Zusatzbett auf einer offenen Empore und neben den Üblichkeiten auch einer grandiosen Terrasse für zeitausgreifendes Frühstück und tagesbeschließenden Rotwein im Dämmerlicht.

Dazwischen: bei Wanderungen die milde Frühlingsluft genießen, freilaufende Schweine vor Lebenslust grunzen und quieken hören, den Duft der blühenden Wiesen und Bäume aufsaugen, auf einer Bank liegen und die Wärme der Sonne auf der bleichen mitteleuropäischen Haut spüren, Märkte besuchen, shoppen, probieren, genießen.

Und das alles: ohne Auto. Wir haben uns darauf eingelassen, alle Wege per Bus, Bahn, zu Fuß oder maximal mit dem Taxi zurückzulegen. Und? Ja, das geht. Und zwar hervorragend. Man muss sich zwar darauf einstellen, dass nicht jederzeit ein fahrbarer Untersatz zusätzlich die Straße verstopft (also nicht greifbar ist), sondern Bussen und Bahnen nur zu bestimmten Zeiten fahren. Aber dann geht's - unkompliziert, entspannt und umweltfreundlich zum Strand in Picafort, zum Bummel in Inka, zum Markt in Alaró. Hinein in den Bus, die Kreditkarte gezückt und bargeldlos gebucht, beim Ausstieg erneut an das Kartenlesegerät und die gefahrene Strecke wird abgerechnet. Es geht. Der Anschluss wartet, der Streckenplan ist übersichtlich und leicht verständlich, die Fahrer/innen (meistens) freundlich und schnell. Was wollen Mann und Frau mehr? Lediglich über die Anreise per Flieger müssen wir nochmal reden....

Nicht reden muss man über gastronomische Erfahrungen - auch die kann und muss man nur genießen. Kleinode wie das S'Acustíc Café nahe der Kirche San Felio sind jede kalorienreiche Sünde wert.

Mallorca, oft besucht, viel geschmäht. Der Ruf ist von unzivilisierten Horden in Magaluf oder El Arenal verwüstet, von per Kreuzfahrtschiffen herangeschafften Touristenmassen zertrampelt. Mallorca ist allerdings mehr als das. Mallorca ist rau und lieblich, verträumt und hektisch zugleich. Abseits der Trampelpfade geht hier das Leben seinen balearischen Gang weiter, bei Pa 'amb oli, dem mallorquinischen Tomatenbrot, bei Schinken, Käse und Albondigas, bei Rotwein und kühlem Bier. Und einem unverwechselbaren Geruch aus Kräutern, Grill und Hitze, der sich von Frühling bis zum Herbst über die Insel legt.

...und immer wieder mal: Venedig!

Über Venedig schreiben - das ist doch wie Bier nach Dortmund bringen, oder? Nun ja, im Prinzip ja, aber es kommt auf den Einzelfall an (wie vielleicht die Hausjuristen von Radio Eriwan sagen würden). Und tatsächlich, in diesem Corona-Frühsommer 2022 ist vieles möglich, sogar: fast allein und träumend durch die Gassen der Lagunenstadt zu schlendern.

Ein modernes Hotel in alten Gemäuern, in einer schmalen Seitengasse nur ein paar Meter vom meist geliebten Fotomotiv Rialto-Brücke entfernt, dient für ein verlängertes Wochenende als Ausgangspunkt.

Und dann biegt man ohne Plan links ab, gibt irgendwann rechts den Düften einer pasticceria nach, erklimmt geradeaus die nächste Brücke, springt und tappt von einer zur anderen der über 100 kleinen Inseln, die zusammen diese Stadt bilden. Rechts, links, im Hinterhof stehend zurück, weiter immer weiter über die von Millionen Fußtritten glänzend polierten Steine zum nächsten Seitenarm, wieder Sackgasse, in einer kleine Bar stärken und weiter immer heiter immer weiter.

Die Stadt ist ja flächenmäßig nicht sehr groß und eigentlich auch überschaubar für Berlingestählte Neugierige. Aber dann doch unüberschaubar, überraschend, Wendungen und Windungen und immer wieder neue Ausblicke anbietend. Und Geschichte verströmend, während an vielen kleinen Stellen klar wird, dass Investoren mehr und mehr die Geschicke in die Hand bekommen - zusammen mit vielen kleinen und großen und auch millionenschweren Chinesen.

Die Stadt hat noch ihre Ruhe jetzt, da die Vorsichtsmaßnahmen gegen die Pandemie noch vieles verhindern und Viele am Reisen hindern. Doch auch in einer solchen außergewöhnlichen Zeit ist die Besucherschlange am Dogenpalast und auf dem Markusplatz beeindruckend, beeindruckend lang. Und abschreckend. Aber: kein Grund zum Hadern, es gibt Alternativen.

Und schon springen die spontan Reisenden auf ein Vaporetto, schippern hinüber nach Giudecca, oder nach Lido oder besuchen kleine Geschäfte auf Murano, um Glasbecher zu erstehen.

Einen Espresso und ein Gelato später werden sie wieder über die Wellen reiten um weiter zu stromern, um einzutauchen und sich der Faszination dieser Stadt hinzugeben. Irgendwann: Gesang. Irgendwie: nichts Ungewöhnliches, eigentlich. Doch dieser Tenor unterhält auf einer Gondelfahrt zahlungswillige

Touristen, während der Gondoliere am Heck stehend seine Gondola mit dem langen Ruder, der Remo, und jahrelang geübten Schwüngen sicher durch die engen Kanäle und vorbei an schnelleren Motorbooten manövriert. Verzaubernd.

Am Nachmittag sind plötzlich die Kanäle noch voller als sonst. In langer Reihe streben Boote einem, den Besuchern noch unbekannten Treffpunkt zu, irgendwo im Gewirr der Lagune. Ganze Familien sind in ihren Booten unterwegs, Freundeskreise, kleine Gruppen junger Männer oder junger Frauen, sich zuprostend, Leckereien genießend. Die Fragezeichen bleiben über den Köpfen der Gäste - bis zum Abend, dann ist die Auflösung zu sehen: ein Feuerwerk-Spektakel über den Dächern der Stadt und eine eindrucksvolle Parade von über 1500 festlich geschmückten Booten im San Marco-Becken und im Giudecca-Canale gegenüber dem Dogenpalast künden vom „Redentore"- dem seit über 400 Jahren gepflegten und beliebten Volksfest, damals Ende des 16. Jahrhunderts ausgerufen, weil eine dreijährige Epidemie überstanden worden war. Die Freude wird heute noch geteilt - wie alles in dieser Stadt lange, ja sehr lange Sinn und Bestand zu haben scheint. Ob sich die Welt (oder Teile davon) in 400 Jahren auch an das Ende der Corona-Pandemie erinnern wird?

Venedig zu Fuß, Venedig mit Boot, Venedig mit Lust am Entdecken ohne vorher gefertigtem Plan erlaufen, erfahren, hören, riechen, schmecken, genießen. Und dann noch einen Sonnenuntergang zwischen den alten Gemäuern über einem der Kanäle anschauen - unbezahlbar.

Von steilen Felsen, grünen Bananen und furchtlosen Fahrern

Steil sind die Straßen. Schmal und anspruchsvoll. Einhundert Höhenmeter bergauf ins nächste Dorf liegen vor uns. Hinter uns sechzig Meter steil abfallende Klippen aus erkaltetem Lavagestein. Teneriffa ist anstrengend. Wenn man zu Fuß unterwegs ist. Und das sind wir hier auf der Nordwestseite der größten Kanareninsel, nahe Puerto de la Cruz. Das Meeresrauschen übertönt des Tinnitus, donnernd krachen Wellen gegen die Felsen, während wir dem Gläschen Rotwein entgegen schnaufen. Die Belohnung wartet.

Grau und Grün sind die vorherrschenden Farben - graue Felsen, überwuchert von Gräsern und Kakteen, grüne Bananenplantagen auf grauem Boden, aber auch grüne Gärten, blühende Sträucher und Büsche, all das jetzt Anfang Januar. Auch zuhause herrscht das Grau vor, jedoch mit feuchter Kälte. Hier kann beim täglichen Aufstieg zur Tapasbar der Pulli in der Tasche bleiben, nur am Abend leistet er gute Dienste, sobald die Sonne im Westen im Meer versunken ist. Dann fallen die Temperaturen, auf immer noch stolze 15, 16, 17 Grad. Man wird unbescheiden...

Entspannter, ungezwungener aber wie zufällig geregelter Tagesablauf: Frühstück auf der Hotelterrasse, entspannte Lesezeit am Pool, dann die Schuhe geschnürt und über abenteuerliche schmale Wege auf halber Höhe entlang der Klippen nach Puerto laufen. Treiben lassen durch die Altstadt, schauen und shoppen in der quirligen Innenstadt, fasziniert den Surfern zuschauen, einen Zeh ins Wasser halten. Hunderten beim Sonnenbaden auf schwarzen Lavasand zuschauen, einige Mutige stürzen sich den Atlantikwellen entgegen - man muss nicht alles mitmachen, der Tag ist auch so ausgefüllt und angenehm. Dann doch lieber ein schönes Restaurant aussuchen.

Wenn die Füße nicht mehr wollen, dann sind zum Glück meist die grünen Busse nicht weit. Ein dichtes Netz umspannt die Insel, schnell kommen Gäste und Einheimische für geringes Geld von Ort zu Ort, auch an entlegene Flecken oder auf den höchsten Ausflugspunkt der Insel. Ohne großes Theater, mit digitalen Fahrplänen und furchtlosen Fahrerinnen und Fahrern, die noch die schmalsten Gassen und absurdesten Kurven und Steigungen meistern.

Weite Flächen vor allem auf der kargen, Afrika zugeneigten Seite einerseits, Ferienhäuser soweit das Auge reicht, andererseits, weiß gestrichen, in langer Reihe, aber straßenweise an die Hänge angepasst. Ihnen gegenüber: zwanzigstöckige Hotelquarder. Kanarische Lebensart kollaboriert offensichtlich einvernehmlich mit deutschsprachigen Rentner Kolonien. Alfreds Bier- und Fußball-Bar ist genauso gern frequentiert wie El Pepitos Tapas-Bar. Deutsch, spanisch, englisch, kreuz und quer, augenscheinlich ein entspanntes Nebeneinander. Vielleicht trägt ja auch das entspannte, fast immer frühlingshafte Wetter dazu bei. Es wäre zu wünschen.

In der Ferne zieht ein Schiff am Horizont vorbei, Vögel kreischen, der Lorenz brennt vom Himmel, Jamon iberico und Manchego locken zum Snack, der Wein lacht im Glas, leiser Flamenco schallt aus dem Hinterhof gegenüber.

Und über allem thront in der Ferne majestätisch: El Teide. Wahrzeichen und höchster Berg der Insel, nein ganz Spaniens. Mit weißer Schneehaube, sonnenbeschienen, beeindruckend.

Cuculus und Ciconia – zwei selten gewordene Wegbegleiter

Seit kurz hinter **Straßburg** begleitet uns ein Geräusch, dass in Berlin (oder in den Innenstädten jeder anderen Großstadt) wirklich nur selten zu hören ist: die markanten Rufe des cuculus canorus, gemeinhin auch als Kuckuck bekannt. Wir radeln auf ehemaligen Bahntrassen, entlang von Wiesen und Feldern, durch Weinberge und Obstgärten – und immer wieder hallt das charakteristische „Kuckuck" uns entgegen. Allein diese kleinen Töne aus der Entfernung, dazu der Wind in den Haaren und das Surren der Räder auf dem Radwegasphalt lassen uns entspannen. Es ist Urlaub. Radfahren. Genießen.

Eine zweite Begegnung, einige Kilometer nach dem Start unserer Radtour in **Offenburg**, die uns links und rechts des Rheins, durch Elsass und Baden führen wird, gehört ebenfalls zu den seltenen Erlebnissen der Großstadtbewohner. Klappernd kündigen sie sich an: (Weiß-)Störche. Ciconia ciconia würde die Ornithologin sagen. Auf einem Feld pflügt ein Bauer sein Feld – offenbar eine schöne Gelegenheit für fast ein Dutzend der Langbeiner die aufgeworfenen Erdkrumen nach Essbarem zu durchsuchen. Ein schönes Bild. Später entlang unserer Route werden wir ihren Artgenossen noch häufig begegnen – dann allerdings unerreichbar in schwindelnder Höhe auf Dächern und Kirchtürmen. Morgens sind wir früh um kurz nach sieben Uhr mit bepackten Fahrrädern in Berlin in den Intercity gestiegen. Offenburg ist für uns daher heute sowohl Endstation (der Bahnfahrt) als auch Startpunkt (der Radtour).

Nach ein paar hundert Metern hinaus aus der Stadt, gleich ins offene Feld, entlang der Kinzig Richtung Rhein. Straßburg wird unser erstes Etappenziel sein.

Doch zuvor stoppt ein intensiver Geruch unsere Fahrt: Bratwurst vom Grill – da kann man nicht einfach so vorbeifahren. Ein kleines Reitturnier eines ortsansässigen Vereins liegt direkt an unserer Route. Wir fühlen uns eingeladen, kaufen Wurst und Bier, lassen es uns schmecken und schauen ein wenig den Nachwuchstalenten bei ihrem Reit-Wettkampf zu.

Nun also Straßbourg. Europastadt. Lebendig. Touristenmagnet. Und wir mittendrin. Das Aparthotel in der Altstadt nahe Place Klebér hat alles zu bieten – inclusive feier- und ausgehfreudige Zeitgenossen, die bis morgens um fünf unterm Fenster lärmen. Doch das stört nicht, denn ausgedehnte Besichtigungsspaziergänge entlang der Ill durch die europäische und elsässische Hauptstadt sorgen für gesunden Schlaf. Grachten und Kanäle laden ein, die Stadt entlang ihren Läufen zu Fuß zu erkunden; hinein nach La Petite France, dem Altstadtviertel, Place Klebér, Place Gutenberg, Place Broglie, Place de la République. Natürlich: Münsterplatz und das Straßburger Münster.

Hier stapeln sich die Touristen; deshalb nehmen wir Abstand von Besichtigung und Turmersteigung. Fahren lieber mit dem Rad hinaus zu den Gebäuden der europäischen Institutionen: Parlament, Europarat, Europäischer Gerichtshof. Hier wird das gemeinsame Europa sicht- und erfahrbar.

Und abends dann nach radeln und laufen: Genuss! Elsässischer Wein und deftige elsässische Küche! Was will man mehr, wenn auch noch die Sonne ausgiebig dazu scheint.

Landpartie mit Abwechslung

Baguette, Rillette und fromage: so gut ausgestattet machen wir uns nach drei Tagen Stadt hinaus aufs Land. Die längste Etappe nach Riquewihr steht auf dem Programm, fast 80 Kilometer, rauf und runter über Weinberge im wahrsten Wortsinne; der ausgeschilderte Radweg führt uns außerdem immer wieder kreuz und quer in zwar zauberhafte Dörfchen. Doch Muskeln und gute Laune leiden ein wenig unter der Anstrengung. Eine weitere Übernachtung auf halber Strecke, zum Beispiel im pittoresken Obernai wäre sinnvoll gewesen. Jedoch: Dusche, ausgiebiges Abendbrot unter anderem mit einem Schluck selbstgemachten Apfelsafts des charmanten Vermieters, lassen die Welt schon wieder ein wenig versöhnlicher aussehen.

Der Tag hatte ja auch manch angenehme Momente: eine Wiese voll tobender Fohlen, idyllisch an einem Bach gelegen, im

Hintergrund ein kleines Dorf mit bunten Fachwerkhäusern. Wie aus dem Bilderbuch. Oder einem Werbeprospekt. Aber diesmal „in echt"!

Ein paar Kilometer weiter hatte ein Oldtimer-Treffen unsere Aufmerksamkeit gefesselt. Citroen DS 21, „Die Göttin", Citroen 2 CV „Die Ente" – beide in allen Formen, Farben und Schattierungen, alte Benz, Käfer Cabrio, Triumph, Simca, Peugeot. Es ist ein fröhliches Stelldichein von Automobilverrückten. Wir nehmen uns Zeit, zum Gucken und Staunen, und natürlich für eine Wurst zur Stärkung. Was wir da noch nicht wussten: diese Merguez hat uns sicherlich geholfen, die letzten fünf Kilometer doch auch noch zu überstehen.

1436, 1578, 1622 – die Jahreszahlen über Hauseingängen in **Riquewihr** beeindrucken. Der bildschöne Ort am Fuße der Vogesen mit windschiefen Fachwerkbauten, bunten Fassaden und Giebeln, seit Jahrhunderten mit dem Weinbau   verbunden,   ist   heute

Anziehungspunkt für Touristenmassen. Bus um Bus steuert auf den am Rande des Dorfzentrums gelegenen Platz; tausende von Gästen bevölkern täglich für ein, zwei Stunden das glänzende Kopfsteinpflaster der zentralen Gasse – aber schon am frühen Abend kehrt wieder Ruhe und Beschaulichkeit ein. In der kleinen Gasse, nur wenige Meter abseits des Trubels, bekommen wir wenig davon mit. In einem Teil des alten Gebäudes, wahrscheinlich früher der Stall des Hauses, ist eine zauberhafte moderne Wohnung eingerichtet. Ruhiger Schlaf ist hier garantiert. Bei einem Spaziergang lernen wir ein paar Häuser weiter Alain Engel kennen Er ist Winzer und Fotograf. Wir probieren einen phantastischen Pinot Gris und sind mindestens ebenso begeistert von seinen Fotografien. Weinbau, Winzer, Landschaften, die Tiere der Umgebung, das sind seine Motive. Es lohnt sich, hier einen Blick in sein Atelier zu werfen.

Kulturtag und Sonnenbrand

Auch in **Colmar**, unserer nächsten Station, ist die Wohnung in einem alten Fachwerkhaus eingerichtet. Mitten im Zentrum, in Laufweite zu allen Attraktionen der Stadt gelegen. Natürlich: der Isenheimer Altar im Museum Unterlinden muss besichtigt werden. Es ist schon imposant, was die Meister zu Beginn des 16. Jahrhundert geschaffen haben. Wie auch die gesamte Stadt eigentlich ein Gesamtkunstwerk mit architektonischen Schätzen aus sechs Jahrhunderten ist. Gut erhalten und sehr abwechslungsreich, ein Kleinod, obwohl drittgrößte Stadt des Elsass. Sehenswert auch die Markthalle, die Kanäle des Stadtviertels Petite Venise (Krutenau), die alte Zunftstube der Ackerleute. Hier lässt sich's leben (obwohl die Gastronomie-Preise ganz schön heftig sind).

Es ist nicht übermäßig weit von Colmar nach **Cernay**, unserer nächsten Station kurz vor **Mulhouse**. Doch da die Sonne nun (endlich) herunterbruzzelt, sind auch schnell Nacken und Nase und Stirn verbruzzelt. Ein, wenn auch leichter, Sonnenbrand ist die Folge. Bei dem schönen angenehmen Fahrtwind war das gar nicht weiter aufgefallen. Aber was soll's, Radfahrer muss man schon an der Gesichtsfarbe erkennen können, oder? Hier ereilt uns auch das Radfahrer-Schicksal – ein platter Hinterreifen. Offenbar zu viel Gewicht auf dem Gepäckträger, eine kleine Straßenkante war zu viel des Guten. Doch Glück im Unglück – keine 500 Meter entfernt ist eine Werkstatt, der Monteur auch gerade vor Ort – und er verschiebt auch noch seine Mittagspause. Juchhu! Nach einer halben Stunde können wir weiter. Ein ordentliches Trinkgeld lässt auch den netten Helfer schmunzeln.

Cernay selbst ist, gelinde gesagt, eine Enttäuschung nach all den fast märchenhaften Winzerörtchen. Ein großer zentraler Platz, fast menschenleer (wo haben die sich nur versteckt? Hier müssen doch über zehntausend

Einwohner/innen irgendwo sein?), kaum ein Restaurant oder eine Bar geöffnet – nur die Glocken der direkt gegenüber unserem Hotel gelegenen Kirche bimmeln unaufhörlich. Jede Viertelstunde. Die gesamte Nacht hindurch. Der Priester sei halt eben vollkommen vernarrt in seine Bimmelei, da könne man nix machen, erklärt die Vermieterin achselzuckend mit einem mitleidigen Lächeln. So trostlos der Ort, so modern und schick eingerichtet ist andererseits die Unterkunft. Ein Innenarchitekt durfte sich hier sicherlich austoben. Wir genießen das großzügige Ambiente, finden anschließend doch noch eine offene Gaststätte, machen am nächsten Tag einen Ausflug ins benachbarte, aber fast genauso enttäuschende Mulhouse – und fahren nach zwei Übernachtungen weiter über den Rhein nach Baden.

Über den Rhein hin und zurück

Bei Neuenburg überqueren wir den Rhein und kommen nach **Müllheim** im Markgräflerland. Es sind ja nur ein paar Kilometer, und die Lebensart, Speisen und Getränke sind schon sehr verwandt zwischen Baden und Elsass - doch die Erscheinung der Orte ändert sich rasant. „Schaffe, schaffe, Häusle bauen!", die Baden-Württemberg-Losung lässt sich hier überall mit Händen greifen. Schmucke, herausgeputzte Ortskerne, lebendige Gastronomie. Wir übernachten in einem zauberhaften Landgasthof mit entzückendem Biergarten und aufmerksamen, umsichtigen und netten Inhabern.

Leider bleiben wir nur eine Nacht, es geht weiter durch die Rheinebene, die Rheinauen. Kilometerlang auf dem Deich, ohne jemanden zu treffen. Es ist staubig auf den Pisten, da macht Picknick auf einer grünen Wiese richtig Spaß. Frösche quaken, Kormorane und Reiher und allerlei sonstiges Gevögel schreit und fliegt und schnattert durch die Gegend. Wir rollen geschwind dahin und sind zu früh – die Unterkunft in **Neuf-Brisach,** der alten, von Vauban gebauten französischen Grenz- und Garnisonsstadt, ist noch nicht geöffnet. Also Zwischenstation in Breisach, das uns so gut gefällt, dass wir am kommenden Tag wieder herkommen. Hinauf zum Münster, der weite Blick ins Rheintal, auf der einen Seite zu den Vogesen, auf der anderen zum Schwarzwald, ist beeindruckend. In Neuf-Brisach müssen wir natürlich die Stadt im alten Festungsgraben umrunden, „bestaunen" die rechtwinklig angelegten Straßen und die im 18. Jahrhundert ausschließlich auf ihren militärischen Zweck hin ausgerichtete Anlage.

Auf dem letzten Etappenstück Richtung Freiburg erwischt uns dann doch noch das miese Wetter. Zappelnass kommen wir in Deutschlands heimlicher Öko-Hauptstadt an, nachdem unterwegs ganze Sturzbäche vom

Himmel gefallen waren. Kalte Finger, kalte Füße, nasse Jacke, nasse Hose, nasse Schuhe – und hier sollen die wärmsten und sonnigsten Orte Deutschlands liegen? Unterwegs hatten wir auf halber Strecke dann doch kurz Schutz finden können. Am Himmelfahrtstag richtet der Reitverein Tiengen alljährlich sein Reitturnier aus. Wie gemacht für uns zum Aufwärmen bei Kaffee und Waffeln.

Über Freiburg viel zu schreiben, hieße irgendwie „Eulen nach Athen tragen". Es ist einfach schön hier, die bunten Gassen, die entspannten Menschen, der bunte wochentägliche Markt auf dem Münsterplatz, das studentische Treiben, die beschaulich dahinplätschernde Dreisam, der über der Stadt thronende Schloßberg, die behaglichen Biergärten, an jeder Ecke neue interessante Gelegenheiten zum Shoppen und Gucken und treiben lassen. Selbst die Fußballfans sind hier viel entspannter als anderswo.... Das (Allee-)Hotel mit dem Charme der Vergänglichkeit, vielleicht nur hundert Meter vom Treiben der Altstadt entfernt, mit seinen lustigen, leicht überforderten Senioren am Empfangstresen ist eigentlich eine eigene Geschichte Wert.

So gehen zwei Wochen zu Ende, 380 Kilometer sind wir kreuz und quer, hin und her, durch Elsass und Baden gefahren, die Bahn bringt uns zurück vom gemächlichen Freiburg ins wilde Wilmersdorf.

Radeln und relaxen. Trampeln und genießen.

Der norditalienische Himmel tröpfelt noch vor sich hin. In der Nacht zuvor war in Trient/ Trento ein Frühlingsgewitter niedergegangen, und noch während wir uns am Morgen für den nächsten Streckenabschnitt unserer Radtour von Bozen nach Venedig fertigmachten, hatten Regenschauer bei kühlem Wind die Vorfreude ein wenig getrübt. Aber jetzt wird es wieder heller am Himmel. Bald wird die Wolkendecke aufreißen und die Sonne uns durch das Etschtal begleiten. Regencape und Regenjacke können wir alsbald wieder wegpacken: beim Radfahren muss man Muskeln bewegen, da wird es schnell wieder warm - und dann feucht unter der Plastikhülle. Das muss nun wirklich nicht sein.

Herrlich ruhig ist es auf diesen Radwegen, obwohl sich der Fluss, eine Autobahn, die Bahn, entzückende Dörfer, Felder und Obstplantagen den wenigen Platz im relativ engen Tal teilen müssen. Wir genießen daher jeden Kilometer; sehen links Berge, sehen rechts Berge, sehen links und grüne Wiesen und blühende Apfelbäume und den Radweg vor unseren Reifen.

Entschleunigung durch dahingleiten.

Vor vier Tagen sind wir in Berlin aufgebrochen. Die mit Taschen bepackten Räder, hier ein 24-Gang Treckingrad, dort ein Drei-Gang Hollandrad, hatten wir in den Intercity gehievt, in Hannover und Rosenheim waren wir umgestiegen, um dann am ersten Abend in Bozen bei einsetzender Dunkelheit eine erste kleine Irrfahrt zu unternehmen. Das gebuchte Hotel versteckte sich etwas außerhalb am Ende einer Anliegerstraße. Doch gefunden und dann herrlich geschlafen haben wir dann trotzdem.

Am anderen Morgen weckt uns die Sonne, dann Frühstück und ab aufs Rad. Der Weg ins Stadtzentrum von Bozen war dann doch kürzer als am Abend zuvor; bei Tageslicht sieht alles schon positiver aus. Weingärten säumen die ersten Kilometer, es ist noch frisch, jetzt Anfang April. Doch überall leuchten die Frühlingsblüher und sprießt das frische Gras. Wir erfahren die Stadt, schlendern durch die Gassen, genießen hervorragende Käsekrainer und machen uns am nächsten Tag auf nach Trento.

Frühling, Sonne und eine Passhöhe

Der Radweg ist bestens ausgeschildert, führt durch das Etschtal bis Verona und ist zumindest zu dieser Jahreszeit noch gar nicht überlaufen. Wir genießen die Ruhe unterwegs.

Schon im Zug hatte sich eine gelassene Entspanntheit breitgemacht. Wir lassen uns nicht mehr hetzen, sind selber total relaxt. Der Weg ist das Ziel. Und so geben wir uns dem Radfahren hin. Radeln und Rollen und relaxen. Lediglich die Schmerzen am verlängerten Rücken machen klar, dass auch in diesen Tagen Leistung angesagt ist: Radfahrleistung. Trampeln. Rund 70 Kilometer stehen an jedem zweiten Tag auf dem Programm. In Trient angekommen machen wir unsere eigene Pedalo-Stadtrundfahrt und übernachten in einem großen Apartment direkt in der Innenstadt.

Die einzige Bergetappe unserer Tour steht nun an, da Trento hinter uns liegt. Wir biegen ab aus dem Etschtal und wollen an den Gardasee. Davor jedoch steht ein Hügel, der Passo San Giovanni. 287 Meter verkündet stolz ein Schild am Straßenrand. Ein paar Meter hinter dieser Passhöhe dann ein grandioser Ausblick: der Lago die Garda glitzert in der nachmittäglichen Sonne.

Torbole liegt uns zu Füßen. Es ist warm geworden, überall duften Kräuter und Blumen und Büsche. Wir schwitzen ein wenig, klar, der „Aufstieg" in praller Sonne fordert seinen Tribut. Aber nicht nur deshalb stehen ein paar Perlen auf der Stirn. Die Straße hinunter an den See ist eine Herausforderung. „Zwölf Prozent Gefälle" grinst uns das Verkehrsschild an. Doch die Bremsen halten uns auf dem Weg; gut, dass wir vor der Abreise die Räder noch in der Werkstatt hatten überprüfen lassen.

Am nächsten Morgen geht's über den Lago di Garda. Ein Genuss, die pittoresken Örtchen links und rechts zu betrachten: Limone, Malcesine, Gargnano, Torri del Benaco, Toscolano Maderno, Salo. Allein die Namen sind schon Musik in italophonen Ohren. So kommen wir in Sirmione an, bestaunen Burg und Altstadt und Touristenmassen, nisten uns für eine Nacht in einem entzückenden B&B am Rande der Stadt ein, rekeln uns am Abend am Ufer und sind ganz verrückt vom Sonnenuntergang über dem See.

Über den See gleiten zu Romeo und Julia

Der Lago bleibt uns am nächsten Morgen auch noch eine Weile erhalten, in Sichtweite zum Wasser radeln wir nach Peschiera, unserer ersten Station auf dem Weg nach Verona. Auch hier muss erst ein wenig Sightseeing durch die alten Gassen sein, bevor es weiter geht's. Blöd nur, dass so ein Fluss zwei Ufer hat, an denen man in die gleiche Richtung fahren kann. Wir erwischen das falsche Ufer, stehen alsbald an der Auffahrt zu einer Autobahn und müssen die Räder am Straßenrand zurück in die Stadt schieben.

Der richtige Radweg ist dann doch schnell gefunden und es geht durch herrliche Landschaft eine Weile direkt am Flüsschen Mincio entlang. Hier treffen wir zwei Weltenbummler, eine Japanerin und ein Brite, die mit ihren

Rädern aus Japan kommend unterwegs nach England sind. Stramme Leistung denken wir – nicht nur die strammen Waden der beiden geben uns Recht.

Nach einem Abstecher hinauf in das auf Hügeln gelegene und für seine Tortellini berühmte Städtchen Salionze rollen wir mit einigen Irrungen und Wirrungen durch die norditalienische Prärie Richtung Verona. Nicht immer sind die Wege eindeutig ausgeschildert, so dass mit falschen Fährten und ständigem Nachfragen die Strecke länger dauert als gedacht.

Die Unterkunft ist außerhalb Veronas an einer Landstraße gelegen, doch die Bushaltestelle ist nur ein wenige Meter entfernt. So können wir schon am ersten Abend auf den Spuren von Romeo und Julia wandeln, tauchen ein in die Geschichte der Stadt, ihre Gerüche und Geräusche.

Am nächsten Morgen sind wir dann hurtig wieder unterwegs – zum Markt, durch die

Gassen, ins Café, über die Brücken, in den Park, zum Lauschen und Genießen. Ein Fest mit Köstlichkeiten fester und flüssiger Form aus Venetien macht es uns noch leichter, zu verweilen.

Kühler Soave, kleine Zweige und stumme Umwege

Vicenza steht als nächste Station auf dem Tourplan. Den Fahrtwind im Gesicht und die Sonne in Nacken rollen wir dahin, vorbei an alten Landsitzen und geschichtsträchtigen Villen, an schäbigen Hinterhöfen und verfallenen Häusern, durch Weingärten und Wiesen und Felder. Ein wohlklingender Name taucht aus: Soave. Vor der malerischen Burg lassen wir uns nieder, es ist schon früher Nachmittag, also kann doch auch ein kleines Gläschen Soave nicht schaden. Wir kommen ins Gespräch mit zwei Gästen, wie sich herausstellt: rumänische Fernfahrer, die hier gelandet, aber auch häufig in Deutschland und Resteuropa unterwegs sind. Unterhaltung mit bruchstückhaften Sprachschätzen. Kauderwelsch. Aber nett.

Also noch ein Wein, danach sinkt die Lust auf weitere 25 Kilometer Radweg. Gut, dass eine Bahnstation in der Nähe ist. Eine gute Entscheidung, denn die Hotelsuche anschließend fordert uns alles ab. 700 Meter vom Bahnhof entfernt sei das Haus, hieß es auf der Internetseite. Doch den steilen Anstieg hatten sie verschwiegen; wir kommen uns vor wie in den Alpen, mit den Rädern bergauf keuchend ist die Adresse nicht zu finden. Den Berg zur Hälfte wieder runter, dann wieder hoch. Muss doch hier sein. Nach mehr als einer Stunde entdecken wir ein kleines Schild in einem Torbogen. Sapperlot. Vollkommen erschöpft sinken wir unter die Dusche, sind danach gleich wieder erholt, erklimmen den Rest des Hügels bis zur auf dem Gipfel gelegenen Kirche und ergattern für unsere weitere Fahrt kleine, zum Palmsonntag gesegnete, Zweige.

Bei der Orientierung helfen die Zweige jedoch offensichtlich nicht. Eine kurze Etappe nach Padua ist eigentlich angesagt; das Wetter ist hervorragend, der Radweg über eine alte Bahntrasse ausgezeichnet – so trampeln und rollen wir dahin. Und sind so voller Vorfreude gespannt auf die alte Universitätsstadt, dass wir wohl eine Abzweigung übersehen haben.

Eine Stunde und zwanzig Kilometer später, nach Kaffee- und Toilettenstopp, wollen wir uns orientieren und klären, wann wir ankommen. Zu weit gefahren, Mist. Und beide sinnvollen Strecken zum Tagesziel sind in etwa gleich weit. Die Stimmung sinkt, die Gespräche verstummen. Nur noch ankommen ist die Losung. Mit drei Stunden Verspätung und 90 statt 50 Kilometern schaffen wir uns mit letzter Kraft ins Hotel in Padua.

...und dann immer am Kanal lang

Ein zauberhaftes Essen in einer kleinen Osteria und ein spitzenmäßiger Wein tragen dann zur Entspannung und Erheiterung bei. Wir laufen über die Jahrhundertealten Pflastersteine, durch die Arkaden vorbei an der Universität, wo Studentinnen und Studenten draußen sitzend noch am Abend heiß diskutieren. Morgen werden wir diese Stadt ebenfalls erobern.

Die 70000 Studentinnen und Studenten der traditionsreichen Universität, seit jeher ein Ort der Liberalität, prägen die Stadt an jeder Ecke. Auf dem Markt vor dem Justizpalast, in den Gassen und den schattigen Laubengängen, auf dem „Prato della Valle", einem der größten und schönsten Plätze Europas, überall spürt und sieht man das prickelnde Leben. Als Kontrast gibt's dazu die andere große Institution der Stadt: die Basilika des heiligen Antonius. Leider sind wir nur zwei Nächte in dieser Perle

Oberitaliens. Das wird ein Grund sein, wieder zu kommen.

Meist schnurgeradeaus führt uns der Radweg am Brenta-Kanal in Richtung Venedig. Nach einigen Abzweigungen stranden wir in Mestre. Eigentlich wollten wir ja siegreich nach 380 Kilometern über den Damm, die „Strada della Libertá" nach Venezia hineinradeln. Irgendwie finden wir jedoch den Zugang zum Radweg neben Autobahn und Bahngleisen nicht. Wahrscheinlich gibt's dort eh keinen Radweg. Wir nutzen die Bahn für die kurze Strecke, um gleich darauf vor einem unlösbar scheinenden Problem zu stehen: wohin mit den Rädern?

Die per E-Mail erhaltene Info vom Tourist Büro erweist sich als Quatsch; im Bahnhof gibt es keine Unterstellmöglichkeiten. Es dauert, bis wir dann endlich in einem Parkhaus zwei der wenigen Rad-Parkplätze ergattern. Gepäck auf die Schultern gehievt, steuern wir das nächste Vaporetto an. Und werden im dichten Gedränge mit gefühlt einer Millionen Touristen auf dem schaukelnden Bott durch den Canale Grande geschippert, um am Ca del Oro wieder ausgespuckt zu werden. Das Hotel begeistert uns schon von außen: ein alter Palazzo, direkt am Canale Grande gelegen, der die Geschichte und Geschichten auszuatmen scheint. Wir sind entzückt über knarrende Holzböden, dicke rote Vorhänge, textile grüne Wandverkleidungen.

Rundfahrt mit Vaporetto und Liegewagen nach Hause

Es ist die Osterwoche. Venedig ist noch voller mit Touristen als schon zu anderen Zeiten des Jahres. Riesige Kreuzfahrschiffe kotzen ein paar Mal in der Woche mehrere tausend Menschen aus, die dann auch noch den Rest der Stadt verstopfen. Wir treten aus dem Hotel, gehen ein paar Meter nach rechts und reihen uns ein in die Prozession der Chinesen und Russen, der Deutschen und Amerikaner Richtung Ponte die Rialto, um am Rande dieses Trampelpfades in einer netten kleinen Bar überteuerten Wein zu trinken. Doch das Flair der Stadt ist einmalig.

Wir geben uns dem Zauber dieser Lagunenstadt hin und schlendern verzückt durch den Abend. Mit einem Tagesticket ist Bootsfahren sogar richtig günstig. Und macht ne Menge Spaß, wenn man die Linien der Vaporettos nach und nach abfährt; natürlich nach Lido, natürlich hinaus nach Murano, von der Piazzale Roma zur Piazza San Marco. Und auch in Gegenrichtung.... Abends durchstreifen wir die weniger überlaufenen Viertel der Stadt und entdecken in schmalen Gassen günstige kleine Restaurants.

Wir sind mit der Bahn gekommen, und müssen also auch mit der Bahn zurück; das erste Teilstück endet in München, wo wir in den Nachtzug nach Hannover einsteigen. Wir haben Liegewagenplätze gebucht und wollen uns schlafen legen; das gestaltet sich gar nicht so einfach, wenn man die anderen vier Mitschläfer im Abteil abends um elf nicht mit Krach aus der Koje werfen will.

Irgendwie klappt's dann doch, wir liegen, wenn auch unbequem und können durchaus für ein paar Stunden die Augen schließen. Früh morgens um fünf allerdings erfreuen wir uns am Fenster auf dem Gang am beginnenden Tag, dem Sonnenaufgang über dem Mittelgebirge irgendwo zwischen Nürnberg und Hannover.

Braun gebrannt, Wetter erprobt, vollkommen relaxt - aber voller Geschichten tauchen wir wieder irgendwann ein in die hektische Stadt.

2200 Kilometer, ein Auto, zwei Leute, ein Flug und unzählige Erlebnisse

Das Geräusch irritiert. Lautes scheppern und schleifen. Metall, wahrscheinlich Metall. In Intervallen: ratsch, ratsch, ratsch. Wo kommt das Geräusch her? Es ist wahrhaftig nicht lauschig und leise hier mitten **Johannesburg**. Die PKW, vor allem aber die LKW, übertrumpfen sich in ihren Phonstärken. Gerade hier, an einer Ampel-Kreuzung im District Maboneng rauscht und röhrt der Verkehr unaufhörlich. Liegen doch nicht zuletzt um die Ecke in einer Seitenstraße dutzende von Autowerkstätten. Doch dieses metallene Geräusch lässt aufhorchen. Plötzlich unterbrochen, dann wieder. Ich gehe auf den Balkon unseres Hotelzimmers. Und sehe einen jungen Mann, der am Seitenrand der Fahrbahn ein riesiges Bündel mit Kfz-Auspuffrohren und anderen Teilen hinter sich herzieht. Möglicherweise ein Müllsammler, ein Helfer eines Ersatzteilhändlers, einer der vielen jungen Männer, die sich hier für einen Hungerlohn schinden müssen.

Maboneng – ein aufstrebendes Viertel. Mit Hostels und Hotels, mit Restaurants und Jazz Bars, mit Designmuseum und Partymeile am Abend. Direkt daneben, wenige Meter über die nächste Straßenkreuzung entfernt, ein dunkles Armenviertel, von dessen Besuch nach Einbruch der Dunkelheit die Hotelmitarbeiterinnen abraten. Wir sind trotzdem auch allein unterwegs gewesen. Mit dem Taxi, mit der Bahn oder auch zu Fuß. No problem. Johannesburg hat so viele Facetten, so spannende Viertel. Unser Hotel „Hallmark House" in Maboneng zum Beispiel ist eine ehemalige Diamantenschleiferei, ein Industriebauklotz über zehn

Etagen, ausgekernt und dann neues Interieur mit altem Gebäude vereint in einer selten gesehen „Industrie-Chic-Symbiose".

Johannesburg: auf der einen Seite die innenstädtischen Armenviertel der vielen Zuwanderer in besetzten Häusern und überbelegten Wohntürmen. Auf der anderen Seite Bankenviertel, Businesstown, Spiegelfassaden. Auf der einen Seite wie überall in Südafrika die unzähligen Kleinbusse, auf der anderen Seite der „Gautrain" – eine sehr moderne Bahn, die u.a. zum Flughafen führt. Oder auch nach Pretoria. So kommen wir dorthin, fahren bis zur Endstation Hatfield, schlendern dann stundenlang bei 28 Grad quer durch die Stadt, sind fasziniert von den unzähligen lilablühenden Jacaranda-Bäumen, vom geschäftigen und manchmal lauten Treiben, lassen uns treiben, schlürfen eiskalten Weißwein in einer angesagten Bar.

Ortswechsel. Perspektivwechsel. Mit dem „Gautrain" fahren wir am nächsten Tag auch, diesmal nur bis Marlboro-Station. Dort werden wir von einem wackligen Taxi abgeholt und zum Treffpunkt mit Jeffrey Mkaluzi im ältesten Township Südafrikas **„Alexandra"** gebracht. Jeff bietet seit zwei, drei Jahren Führungen durch „seinen" Township an. Mit dem Fahrrad. Ein kleines, offensichtlich erfolgreiches Business, denn immerhin steht ihm Emanuell als zusätzlicher Guide zur Seite. Er stellt uns Fahrräder zur Verfügung und auf geht's, hügelauf und hügelab. Ins eigene zuhause; 15 qm für Mann und Frau und Kind und Besucherin und Schrank und Herd und Kühlschrank; immerhin Toilette im Hof für nur vier Familien. An anderer Stelle, ein paar Schleichwege weiter, sieht und riecht es da schon anders.

Weiter in eine Vorschule (dass 25 Kinder so laut singen können!!), wir besichtigen seine ehemalige Secondschool, eine Mucki-Bude, das Start-up-Unternehmen „Walk-Clean" (sie waschen Schuhe), und essen zu Mittag im angesagtesten „Kota"-Imbiss. (Was ist Kota? – Das ist eine eigene Geschichte).

Auch hier in Alexandra: einerseits Selbstbewusstsein wie in Soweto („Wir sind wer!"), Business und Aufbruch und der Wille, die Situation zu verbessern, was sich u.a. an zahlreichen Neubauten von festen Häusern und Straßen manifestiert. Andererseits Slumviertel, wo Menschen im Müll und Matsch leben müssen mit ein paar Toiletten für 500 Leute. Und trotzdem: überall so viel positive Energie.

Durch den Nebel von Eswatini zum Paradies in „Wendys Lodge"

Nach vier Tagen machen wir uns auf. Mietwagen. Linksverkehr. Johannesburg. Hupen. Links und rechts überholt werden. Ein paar Schweißtropfen später sind wir auf der Autobahn durch die Vororte unterwegs nach **Eswatini** (früher: Swasiland). **Mbabane,** die Hauptstadt ist das Ziel. Abgesehen von einer einstündigen Irrfahrt mitten in Mpumalanga, wo durch gewaltige Kohle- und Erzabbaugebiete ganze Landstriche umgekrempelt werden und das Navi diese Veränderungen stur ignorierte, abgesehen von einem Temperatursturz auf 15 Grad im Gefolge eines Gewitters mit Golfballgroßen Hagelkörnern, abgesehen von einem bürokratischen Intermezzo am Grenzübergang mit Zahlung einer Straßenbenutzungsgebühr und mindestens sieben verschiedenen Stempeln bzw. Formularen – aufgeheitert durch die Mitanstehenden pelzbehangenen und kurzberockten Schönheiten im Gefolge eines fast nackten Ziegenfelllendenbeschurzten Königs - und abgesehen von einer Nacht- und Nebelfahrt auf kurvigen Berg- und Talstrecken ohne jegliche Beleuchtung und nur spärlicher Beschilderung, hat dann doch alles geklappt.

Die Landschaft unterwegs erinnerte hin und wieder stark an mitteleuropäische, mithin sauerländische oder schwarzwälderische Gefilde: grün und feucht, Wiesen und Weiden, Kühe und Felder, Kiefern- und Fichtenplantagen. Ein kleines Land, dieses Königreich Swasiland. Interessante Landschaften, üppige Flora und Fauna, viele Wandermöglichkeiten. Straßenverkauf von Obst und Gemüse allerorten. Bezahlung: bar oder Kreditkarte. Und im Supermarkt: Merry Christmas aus allen Rohren, inclusive Weihnachtsmann und Krippe. Unterwegs ist aufpassen angesagt: die Tiere, ob Kühe, Hühner, Schweine oder was sonst noch so kreucht läuft kreuz und quer und ohne Vorwarnung über die Straße.

Weiter geht's Richtung **Mtubatuba** in Kwazulu-Natal, an der Ostküste Südafrikas, die Grenze Mosambiks ist nicht weit. Stundenlang geht's fast geradeaus, links und rechts Zuckerrohrplantagen. Dann Ananasplantagen. Dann wieder Wiesen und Weiden und wieder Zuckerrohr. Der Verkehr ist übersichtlich, die Polizei lässt uns in Ruhe, die Grenze ist trotz einer Busladung französischer Touristen schnell passiert. Wir kommen aus dem kühlen Hochland in Swasiland. Hier in der Ebene ist es erheblich wärmer. So sind wir froh, als wir endlich in „Wendy's Lodge", dem zauberhaften kleinen Paradies von Gavin und Jenny in der Nähe von Mtubatuba, ankommen. Und hüpfen umgehend in den kleinen, aber feinen Pool des Hauses. Erfrischung pur. Der Abend kann kommen. Mit Gin-Tonic und Candlelight-Dinner.

Die kommenden Tage sind „Natur pur". Hippos sind die Stars der Flussfahrt. Zu dutzenden liegen diese gewaltigen Zeitgenossinnen und -genossen im Wasser herum, genießen und lassen sich nicht stören. An der Straße unterwegs warnten schon Hinweisschilder „Beware of Hippos". Ja sie laufen ihre Wege, da wo sie immer laufen. Weichen nicht ab vom Weg. Man kann die Trampelpfade deutlich erkennen – und tut gut daran, die Augen offen zu halten und ihnen nicht in die Quere zu kommen. Sie sind schwerer und stärker. Aber ansonsten lammfromm. Ein Krokodil sonnt sich in der Ferne, kleine gelbe Webervögel kleben ihre Nester an die Schilfhalme, Mungos streunen durch den Park in St. Lucia.

Unterwegs mit Lawrence und Loreena

Am nächsten Morgen weckt der Wecker und halb vier, kurz darauf sitzen wir mit Lawrence, unserem Park-Guide, im Landrover und heizen zum **Hluhluwe-Park**. Tiere gucken. Es ist noch sehr frisch, aber kurze Zeit später geht die Sonne auf – und wie aufs Stichwort hin stehen plötzlich Zebras und Giraffen am Wegesrand, äsen, zupfen Blätter von den Akazien. Ein imposantes, beeindruckendes, friedliches Bild. Lawrence kennt den Park wie seine Westentasche und ist darüber hinaus mit seinen Kollegen per Whats-App Gruppe verbunden. Denn nicht jeder Löwe will gestört werden und kann sich im 90 Quadratkilometer großen

Schutzgebiet verstecken. Doch einmal gesichtet, gibt's einen digitalen Hinweis – und los geht die Luzie. Oder wie Lawrence sagt: „Let's rock'n'roll!". Also Gas geben und den Rover über die Hügel brettern.

So ist der Tag dann voller gewaltiger Eindrücke: Löwen, Elefanten, Büffel, Rhinos, Impalas, Injalas, Gnus, Mistkäfer. Überwältigend. Beeindruckend. Am Abend werden an der Bar bei einem weiteren Gin-Tonic die Erlebnisse mit den anderen Gästen aus Holland, Belgien, Frankreich und Deutschland ausgetauscht, bevor es am anderen Morgen mit Guide Loreena in den **iSimangaliso-Wetland-Park**, ein UNESCO-Weltkulturerbe, geht; direkt am Meer gelegen zieht er sich bis nach Mosambik, fast 3200 km² groß mit den größten bewaldeten Sanddünen der Welt. Auch hier faszinierende Tier- und Pflanzenwelt. Und ein schier unendlich wirkender Sandstrand am tosenden Meer.

Durban. Bays. Life. Live.

Kontrastprogramm - nächster Stopp: **Durban**. Eine quirlige Metropole; ein Meltingpot mit der größten indischen Community außerhalb Indiens; mit einer aufstrebenden, lebenshungrigen und lebenslustigen Black-Community, mit weißem Reichtum und schwarzem Aufholen, mit Fußball-und Rugby-Tempeln, mit lautem Strandleben und qualmenden Barbecue-Ständen. Mehr noch als in allen anderen Städten zeigt sich hier das körperbewusste Selbstbewusstsein vor allem der schwarzen Frauen. „Hier bin ich, prall und rund und find das gut!" Ein scharfer Kontrast zu den – wenigen – Muslimas am Strand, die abseitsstehen und eingezwängt in ihren Nijabs wie Aliens wirken.

Immer wieder wird in den Gesprächen auch die politische und wirtschaftliche Situation Südafrikas thematisiert. Jetzt bei unserer Vermieterin Annie in Umhlanga, zuvor schon von Gavin oder unserem Taxifahrer in Joburg. Sie hatten alle große Hoffnung mit und nach

Mandela, sind entsetzt über die grassierende Korruption unter Präsident Zuma, hoffen, dass er bald abgelöst wird, schauen besorgt auf die Entwicklung im Nachbarland Zambia. Von dort kommen nicht zuletzt viele Migranten, denn trotz aller wirtschaftlichen Schwierigkeiten geht es Südafrika immer noch wesentlich besser als den herunter gewirtschafteten Nachbarländern. Interessant, aber sie ist bei allen, dass von der Zukunft besseres erwarten, positiv nach vorn blicken. Im Gegensatz zum Gejammer zuhause.

Die gesamte Küste mit dem PKW abzufahren, scheint uns dann doch zu ambitioniert. So fliegen wir nach **Port Elisabeth**, nehmen ein neues Auto und fahren mit ein paar Stopps an der Küste- **Jeffrys Bay, Cape St. Francis und Francis Bay**, in den **Tsitsikamma-Park** an der Garden-Route. Unsere Unterkunft liegt in einem winzigen Ort mit nur ein paar Häusern, einem kleinen Hotel, unserer „Andelomi Forest Lodge", einem Gemischtwaren-Store, einem

American Diner und der „Woodfired Pizza". Rustikal. Aber lustig. Die Pizza war ok, der Weißwein schon aus, aber Kerzenlicht auf der Holzterrasse entschädigte.

Der Tsitsikamma-Park liegt direkt am Meer, dazu gehört auch eine große Meeresschutzzone, und ist durchzogen von tiefen Schluchten mit ausgewiesen Wanderwegen. Wir machen uns also auf zu einer Wanderung, und sind alsbald durchnässt vom einsetzenden Regen. Wagen uns aber noch über die Hängebrücke an der Mündung des Storm-River. Zuvor haben wir die „Bloukrans Bridge" besichtigt – dort stürzen sich Adrenalin-Junkies am Bungee-Seil 216 Meter in die Tiefe. Man muss nicht alles machen.

Aber Muscheln sammeln muss man. An traumhaften Stränden, wundersame Formen, auf weißem Sand, den Wind im Gesicht, die Sonne brezelt auf der Haut, das Wasser spült um die Füße. Plettenberg Bay, ein

Traum. **Wilderness,** Knysna**, Harolds Bay, Victorias Bay.** Das Meer rauscht heran, weit draußen reiten Surfer auf den Wellen, es herrscht eine heitere Gelassenheit, wohin man auch kommt. An Land's End zeigt ein Schild die Richtung nach Berlin: 9570 Kilometer. Mental sind wir mindestens so weit weg von D.

Strauße schauen Dich an. Und Wale machen sich rar.

Wir sind auf der Garden Route weiter südlich Richtung Kapstadt gefahren, machen aber erstmal Stopp in **George**, in der „French Lodge", in fast märchenhaften Rundbauten. Immerhin mit Whirlpool. Und einem interessanten Betreiber, Südfranzose, Typ Weltenbummler, der uns einige Ausflugtipps mit auf den Weg gibt. Der Ort George selbst ähnelt einem der „american dream towns" aus den Filmen der 60er und 70er Jahren. Ohne direktes Zentrum, aber mit Barbecue und Grills und

Autowerkstätten usw. an den Ausfallstraßen. Wir folgen einem der Tipps und machen uns auf nach **Witsand**. Dort soll man vom Strand aus Wale sehen können. Also abfahren von der Nationalroute und 35 Kilometer durch die Prärie. Wale haben wir dann nicht gesehen, aber eine Herde Strauße lauerte uns auf und blinzelte über den Zaun hinweg. Richtig lustige Geschöpfe: kleiner Kopf, großer Schnabel, langer Hals, riesiger ballförmiger Körper und lange Beine. Sie stehen da – und gucken dich an. Merkwürdig. Wer ist hier vor und wer hinter dem Zaun?

Weiter Richtung „**Hermanus**" erfahren wir Weite: fast 50 Kilometer durch endlose Felder und Weiden links und rechts der Straße nach Bredasdorp und weiter vorbei an grandiosen Bergpanoramen und über einen Bergpass runter an die Küste nach Hermanus. Der erste Eindruck: wir sind in Cornwall und nicht in Southafrica. Ein B&B: mit Reetdach, rotgestrichenem Mauerwerk, üppigem Blumengarten, und dass alles unter einem blauweißen Himmel ohnegleichen. Wir genießen den Kurzaufenthalt und speisen fürstlich am Hafen, wo wir uns auch am anderen Morgen, nach einem kurzen Souvenir-Shopping-Intermezzo in Hermanus, wieder einfinden zur Whalewatching-Tour auf einem Kutter. Zwei oder drei Wale haben sich auch kurz an der Oberfläche blicken lassen. Schon imposant, diese riesigen Meeresbewohner. Und spektakulär, wenn sie Luft blasen. Ein alsbald einsetzendes Unwohlsein aufgrund der Schiffsschaukelei lässt jedoch die Aufmerksamkeit aufs eigene Befinden lenken. Das wird dann besser mit jedem Kilometer Richtung **Capetown**.

Der südlichste Zipfel des Kontinents und Chicken-Duvi aus Zimbabwe.

Ein atemberaubender Sonnenuntergang am Strandbereich von Seapoint empfängt uns am Abend, nachdem wir uns in unserer, wieder mal zauberhafte, Unterkunft eingerichtet haben. Extravaganter Stil, außergewöhnlich eingerichtet, großzügig, afrikanisch modern. Man möchte gleich alles einpacken und mit nach Hause nehmen. Mehrspurige Autobahnen, links und rechts Townships aus Wellblechhütten, hatten die Metropole am Nachmittag angekündigt. Vorsichtig hatten wir durch die pulsierende Stadt geschlängelt und sind jetzt ganz versunken ins Moment des Daseins. Hier am südlichen Ende Afrikas, spaziergehen, rundumschauen, den Tafelberg lokalisieren – werden wir morgen besteigen – Richtung Greenpoint und Waterfront laufen, Geräusche, Düfte und Lüfte auf sich wirken lassen.

Es ist Sonntag, die Restaurants und Geschäfte am Hafen an der Waterfront sind voll und die Menschen ausgelassen. Weihnachtsgeschenke werden feilgeboten – das ist uns so fremd wie nur irgendwas. Wir lassen uns treiben, hören einem Frauenchor zu, genießen die Sonne. Auf den Tafelberg konnten wir leider nicht – zu viel Wind ließ die Seilbahn stillstehen. Unser Auto hatten wir danach mitten in der Stadt geparkt, direkt neben „**Mama Africa**", einem legendären Restaurant. Und dort kehren wir nun ein. Dunkel und voll. Irgendwann wird ein Tisch frei. Musiker aus Zimbabwe spielen African-Jazz mit wilden Percussion und einem begnadeten Sänger. Ihn werden wir am folgenden Abend noch mal hören, wenn er italienische Opernarien zu afrikanischer Jazzmusik darbietet. Ein Erlebnis erster Güte. Einzigartig wie das Essen: „Zimbabwian Chicken-Duvi with Peanutsauce".

Nur gut, dass wir uns schon den ganzen Tag viel bewegt haben: beim Aufstieg zur unteren Station am Tafelberg – um unverrichteter Dinge wieder zu gehen, da hundertfuffzig Meter Schlange stehen nicht unser Favorit ist. Kurzentschlossen machen wir uns auf über Simonstown zum „**Cape of Good Hope**". Windumtoste Steine und Felsen, ein wenig niedriges Buschland, aber auch fast weiße Sandstrände.

Hier chinesische Touristenströme – dort menschenleere Weite. Ein kleines Picknick auf Holzstufen am Strand lässt uns träumen.

Unser zweiter Abend im „Mama Africa", unser zweiter Abend im Patio unserer Wohnung in Seapoint in Capetown. Farbenfroh ganz in sattem Rot gestrichen. Es ist noch warm, wir räkeln uns auf den Liegen, ein Glas Rotwein auf dem Tischchen, über uns strahlen die Sterne um die Wette. Und wir mit ihnen. Ein Ausflug in die Winelands steht uns noch bevor, ebenso wie ein Abstecher an den Strand von **Muizenberg** an der False-Bay; die bunten Badehäuschen dort warten auf einen Fototermin. Der letzte Stopp wird ein kleines Garten-Cafè an der Bahnhofstation in **St. James** sein. „Some day I will work in Europe, hopefully in Germany", wird der bedienende junge Mann, Chemiestudent aus Zimbabwe, seinen Traum kundtun. Es sei ihm gegönnt.

Noch Wochen später werden wir in Gedanken immer noch und immer wieder in Südafrika sein. An den blauen Himmel zurückdenken, an das Lachen und die positive Energie der Menschen, an die überwältigenden Landschaften, die Erlebnisse, die Gerüche, die Geschmäcker, die Geräusche.

Zeitfracht Medien GmbH
Ferdinand-Jühlke-Straße 7
99095 Erfurt, Deutschland
produktsicherheit@kolibri360.de